AS AVENTURAS DO CAPITÃO ZAOLHO

×

Sobrevivendo ao misterioso triângulo das Bermudas

Catalogação na Fonte
Elaborado por: Josefina A. S. Guedes
Bibliotecária CRB 9/870

L583a 2019	Leonel, Wellington As aventuras do capitão Zaolho: sobrevivendo ao misterioso triângulo das Bermudas / Wellington Leonel. - 1. ed. - Curitiba: Appris, 2019. 75 p. : il. ; 21 cm ISBN 978-85-473-3234-1 1. Literatura infanto-juvenil. I. Título.

CDD – 028.5

Editora e Livraria Appris Ltda.
Av. Manoel Ribas, 2265 – Mercês
Curitiba/PR – CEP: 80810-002
Tel: (41) 3156 - 4731
www.editoraappris.com.br

Appris
editora

Printed in Brazil
Impresso no Brasil

Wellington Leonel

AS AVENTURAS DO CAPITÃO ZAOLHO

×

Sobrevivendo ao misterioso
triângulo das Bermudas

Editora Appris Ltda.
1.ª Edição - Copyright© 2019 dos autores
Direitos de Edição Reservados à Editora Appris Ltda.

Nenhuma parte desta obra poderá ser utilizada indevidamente, sem estar de acordo com a Lei nº 9.610/98. Se incorreções forem encontradas, serão de exclusiva responsabilidade de seus organizadores. Foi realizado o Depósito Legal na Fundação Biblioteca Nacional, de acordo com as Leis nos 10.994, de 14/12/2004, e 12.192, de 14/01/2010.

FICHA TÉCNICA

EDITORIAL	Augusto V. de A. Coelho
	Marli Caetano
	Sara C. de Andrade Coelho
COMITÊ EDITORIAL	Andréa Barbosa Gouveia (UFPR)
	Jacques de Lima Ferreira (UP)
	Marilda Aparecida Behrens (PUCPR)
	Ana El Achkar (UNIVERSO/RJ)
	Conrado Moreira Mendes (PUC-MG)
	Eliete Correia dos Santos (UEPB)
	Fabiano Santos (UERJ/IESP)
	Francinete Fernandes de Sousa (UEPB)
	Francisco Carlos Duarte (PUCPR)
	Francisco de Assis (Fiam-Faam, SP, Brasil)
	Juliana Reichert Assunção Tonelli (UEL)
	Maria Aparecida Barbosa (USP)
	Maria Helena Zamora (PUC-Rio)
	Maria Margarida de Andrade (Umack)
	Roque Ismael da Costa Güllich (UFFS)
	Toni Reis (UFPR)
	Valdomiro de Oliveira (UFPR)
	Valério Brusamolin (IFPR)
ASSESSORIA EDITORIAL	Bruna Fernanda Martins
REVISÃO	Andrea Bassoto Gatto
PRODUÇÃO EDITORIAL	Lucas Andrade
DIAGRAMAÇÃO	Suzana vd Tempel
CAPA	Suzana vd Tempel
COMUNICAÇÃO	Carlos Eduardo Pereira
	Débora Nazário
	Karla Pipolo Olegário
LIVRARIAS E EVENTOS	Estevão Misael
GERÊNCIA DE FINANÇAS	Selma Maria Fernandes do Valle

Às minhas garotinhas, que me ajudaram a ver o mundo de forma diferente a cada história contada.

AGRADECIMENTOS

Agradeço, primeiramente, a Deus, por dar forças nos momentos difíceis e possibilitar a criação desta obra.

À Gabriella e à Amanda, pelas horas de brincadeiras e criações de histórias que faziam as noites mais divertidas.

Aos meus familiares, que deram todo o apoio e acreditaram no projeto proposto. Com o entusiasmo de todos foi possível seguir com o plano e dar início a esta obra.

PREFÁCIO

Bravos piratas, navios em alto mar, bruxarias e tempestades!

É sobre essas águas que toda imaginação pode navegar em *As aventuras do capitão Zaolho*.

Zaolho, um pirata com hábitos um tanto quanto exóticos, convida-nos a mergulhar nesta história que mistura, ao mesmo tempo, ficção e informações reais, instigando os saberes e o espírito investigativo infantil.

As personagens desta história desafiam a convencionalidade e despertam no leitor a curiosidade em desvendar os seus porquês.

Este conto, que mistura fatos e boatos, ficção e realidade, o convencional e o inconvencional, também traz à tona debates sobre preconceitos e pré-julgamentos, além de trabalhar de forma contextualizada e empolgante a solidariedade e o companheirismo.

O autor, alternando sutileza e riqueza de detalhes, provoca a imaginação, em uma leitura agradável e deleitosa. Vale a pena aventurar-se com o capitão Zaolho!

Ótima leitura! Bons ventos! Muitas aventuras!

Carla Huttl
Pedagoga da Universidade Federal de Santa Catarina

APRESENTAÇÃO

Crianças, a ficção é a verdade dentro da mentira, e a verdade desta ficção é bem simples: a magia existe. — Stephen King

Com este livro, primeiramente, espero despertar a imaginação das crianças, fazer com que elas sintam o prazer de uma leitura divertida e vontade de reproduzi-la com seus amigos, irmãos, tios e pais, criando as suas próprias histórias a partir da sua imaginação. Ficarei feliz em ouvir dos pais que seus filhos estão se caracterizando de piratas e deixando que a "magia" da sua criatividade aconteça.

Também tenho como objetivo aproximar um pouco mais os pais de seus filhos, fazendo com que possam estar juntos naqueles últimos minutinhos antes de dormir, realizando esta leitura, conversando e tentando descobrir o que pode estar acontecendo na história. Acredito que todos têm a mesma opinião: parece que os dias passam mais rápido hoje, porém não podemos deixar que nossa rotina agitada interfira em nossos momentos de brincadeiras com nossos filhos. Alimentar a imaginação de uma criança é o mínimo que podemos fazer para que cresçam com uma cabeça saudável. Procurei escrevê-lo para que atendesse a todas as idades, desde a criança que não sabe ler, mas se encantará com as figuras, até os que já compreendem e ficarão entusiasmados para solucionar os mistérios.

Wellington L.

SUMÁRIO

capítulo 1
12 × O CAPITÃO

capítulo 2
16 × TRIÂNGULO DAS BERMUDAS

capítulo 3
24 × O ENCONTRO

capítulo 4
36 × MENTIRAS E VERDADES

capítulo 5
42 × TEMPESTADE MISTERIOSA

capítulo 6
48 × SERÁ O FIM?

capítulo 7
58 × O REENCONTRO

capítulo 8
65 × HULE

capítulo 9
72 × A PARTIDA

× capítulo 1 ×

O CAPITÃO

Era uma vez, há muito tempo...

Não! Espera aí! Será que é assim que devemos começar uma história sobre bravos piratas que navegam nos mares por anos e enfrentam feras misteriosas, que vivem bebendo e cantando músicas estranhas, comendo pássaros e peixes e saqueando outros navios que cruzam seus caminhos?

Mas não se preocupem! Esta história não tem nada a ver com os piratas descritos aqui em cima. Trata-se da história de um pirata chamado Zaolho, que navega pelos mares com suas duas fiéis camaradas, Gabi e Mandinha.

Zaolho é o capitão de um navio chamado Alice. Há alguns anos ele entrou em uma jornada sobre a qual ninguém – de verdade mesmo – sabe do que se trata. Ninguém sabe quais são os planos deles.

Alguns dizem que ele está querendo voltar para casa, mas não sei se piratas têm casa. Outros dizem que ele tem um mapa de um tesouro escondido e que esse tesouro pertencia a um dos piratas mais temíveis dos mares, o capitão Zureta. Já, outros, falam que ele está querendo recrutar a maior tripulação de um navio pirata. A verdade é que ninguém até hoje descobriu o que o capitão Zaolho planeja.

Zaolho tem aproximadamente 30 anos, apesar de aparentar uns 40 devido aos anos de exposição ao sol e de contato com a água do mar. Ninguém conhece a história dele. Não se sabe se tem família, filhos ou esposa.

O capitão é uma pessoa séria, não dá muitas risadas, não é de falar muito, passa horas pensando até tomar uma decisão. É difícil imaginar o que se passa naquela cachola! Falam que ele sabe falar vários idiomas, que conhece pessoas no mundo inteiro e que nem sempre foi assim, que ele já foi alguém mais feliz, menos ranzinza, e que algo terrível o fez ficar desse jeito, porém ninguém sabe o que foi.

Ele gosta muito de água mineral. Estranho, né?! Um pirata mais natural. Sim! Ele se preocupa muito com a saúde. Talvez tenha medo de morrer...

Apesar de tudo, o capitão é muito bom com suas marujas. Ensina-lhes muitas coisas e não deixa faltar nada a elas. Mesmo sendo chato, suas companheiras o adoram. Ah! Eu já estava esquecendo... Sabem qual a origem do seu nome? O capitão usa um tapa-olho no lado direito e, como tudo na vida dele, ninguém sabe ao certo o que houve. Muitos falam que foi em uma batalha de espadas com seu arquirrival, o Consciência. Depois de horas de batalha, o cansaço batendo, o suor escorrendo pelo seu rosto e a fome judiando – é lógico –, um reflexo, causado pelo medalhão que um dos tripulantes inimigos usava, bateu nos olhos de Zaolho, cegando-o por um instante. Com isso ele não viu a espada do seu adversário indo em direção ao seu rosto.

Outra história que contam é que num dia de pesca, ao puxar a rede cheia de peixes, um pássaro tentou pegar um peixe e entrou em combate com o capitão. Foi feia a briga! Mas em um momento de distração, o pássaro deu uma bicada em seu olho, fazendo-o perder a visão.

Entre fatos e boatos, depois de o conhecermos um pouco – e isso é só o início da história do capitão – há muito mais que iremos dizer a respeito dele. Logo mais contaremos sobre suas ajudantes.

Vamos dar início às aventuras?

× capítulo 2 ×

TRIÂNGULO DAS BERMUDAS

— Camaradas Gabi e Mandinha, chegou a hora! Já tenho nosso próximo destino! Levantar âncora, soltar as velas!

— Capitão! Para onde nós vamos dessa vez? – perguntou Gabi.

— Vamos para onde o vento nos levar... Dessa vez será o Norte! – disse o capitão – Iremos para o Triângulo das Bermudas!

Não, o lugar não tem esse nome porque os moradores só usam bermudas ou são seus maiores fabricantes. O lugar escolhido pelo capitão tem esse nome porque se situa entre as ilhas Bermudas, Porto Rico e Fort Lauderdale.

A região ficou conhecida pelo fato de haver vários desaparecimentos de barcos de passeios e navios. Muitos que tentaram passar por lá não retornaram para suas casas e nem se tem notícias do que possa ter acontecido. Nunca foram encontrados destroços dos navios, corpos, nem pedidos de socorro.

Qualquer capitão ou marujo sabe que ir para lá é uma jornada sem retorno garantido. Mas o capitão deve ter um motivo especial para ir àquela direção, pois conhece todo o perigo que lá oferece.

As pessoas dizem que lá é um lugar amaldiçoado pelo bruxo Beporifola, que foi expulso de diversos países, acusado de bruxaria.

Tudo aconteceu quando o tal bruxo, muito antes de se tornar um, tinha uma linda esposa e uma doce filha. Eles moravam em uma humilde casa, cultivavam uma grande horta e tinham algumas criações de animais. Beporifola era muito dedicado à sua casa e à sua família, amava sua esposa e sua filha mais do que qualquer coisa na vida.

Em um fim de tarde de sábado, depois de terminar de tratar seus animais e cuidar de sua plantação, o tal bruxo retorna para sua casa, para ficar com sua família, e se depara com três homens dentro de sua casa. Eles estavam saqueando suas comidas e pertences, destruindo tudo, sua esposa e filha trancadas no quarto, chorando... O pobre bruxo, enraivecido, tenta ir para cima dos saqueadores, porém eles eram muito fortes. Aparentemente, pareciam ser pescadores, alguns até tinham tatuagens piratas.

Sem poder fazer nada, Beporifola levanta a cabeça e diz para um deles:

— Que você sofra pelo que está fazendo!

Depois de esboçar uma risada, incrivelmente, naquele momento, o ladrão coloca as mãos na garganta e aparenta não estar respirando. Seus amigos, vendo aquela situação, ficaram paralisados, sem ação, não sabiam o que estava acontecendo. Eles saíram correndo e avisaram a todos que Beporifola era um bruxo e que amaldiçoara o seu amigo.

Naquela época, bruxos tinham dois destinos: ou eram expulsos do país ou queimados. Para sua sorte, Beporifola só foi expulso, mas sua família não pôde ir junto com ele. Então o pobre bruxo teve que ir embora sozinho.

Antes que eu me esqueça: anos depois, um jovem que estudava o corpo humano – hoje conhecido como médico legista – e pretendia virar médico, descobriu que aquele ladrão não tinha sido amaldiçoado, que essas coisas de magia não existiam. Por enquanto aguardem... O que tinha acontecido é que o sujeito tinha se engasgado com um pedaço de maçã, pois não havia mastigado direito e falava com a boca cheia. Por isso, crianças, fica a dica: mastiguem bem sua comida e não fiquem conversando enquanto comem!

— Ma ma ma ma mas ca ca ca capitão – gaguejou Mandinha –, esse lugar é muito perigoso. É onde mora Beporifola, e ninguém volta de lá...

— Eu sei, minha camarada Mandinha, mas nossa bússola nos indica essa direção.

Suas companheiras, muito obedientes, começam a seguir suas ordens e tem início a jornada rumo ao Triângulo das Bermudas.

Depois de cinco dias de viagem, eles já tinham enfrentado grandes tempestades e ondas gigantes. Por sorte eles tinham bastante comida guardada.

Aproximando-se ao final da tarde o capitão muito concentrado no timão, atento a qualquer coisa que pudesse acontecer... Como passatempo, Gabi jogava cartas, tentando acertar dentro do chapéu – não havia muitos jogos naquela época. Mandinha estava dormindo com a boca aberta, um fiozinho de baba caindo pelo canto de sua boca. De repente, o barco começa a parar.

Gabi, percebendo, pergunta.

— O que houve capitão?

Zaolho, estático, responde:

— Companheira Gabi, pegue o porquinho biônico (porquinho biônico era uma luneta em forma de porco que o capitão havia ganhado há alguns anos). Suba até o cesto da gávea e me diga o que é que você enxerga lá na frente.

— Sim, capitão! - respondeu Gabi.

— Mandinha! Prepare os canhões e traga as espadas!

O silêncio toma conta do lugar. O capitão, não ouvindo Mandinha, olha para baixo e vê sua maruja dormindo tranquilamente. Então o capitão dá um grito.

— Mandinha!

Mandinha levanta rapidamente, desesperada, e diz:

— Estou de pé, capitão! O que o senhor precisa de mim?

O capitão esboça um sorrisinho e responde:

— Prepare os canhões e traga as espadas! Talvez entremos em combate em breve.

Gabi, na gávea, fica em silêncio e com olhar concentrado em seu porquinho biônico. O capitão, aflito, aguarda uma resposta. Mandinha, com sua espada em punhos, aguarda para o pior.

O capitão olha em sua bússola, porém ela não está mais funcionando adequadamente. De repente, seu ponteiro começa a girar sem parar, impossibilitando uma leitura correta de onde estavam. Alguns raios começam a cair ali perto. Definitivamente, eles haviam chegado ao Triângulo das Bermudas e coisas estranhas já estavam acontecendo. Olhando para o horizonte, o capitão tenta calcular em qual direção estavam indo. E, então, ele ouve um grito vindo de cima.

— Capitão! Capitão! É ele! Be...

Concentrado no que iria fazer em seguida, não se dá conta do que a sua maruja estava dizendo, até que sente um toque em seu ombro, assusta-se por um instante e vê que era Mandinha.

— Senhor! A Gabi está dizendo algo!

O capitão olha rapidamente para cima e escuta Gabi falando:

— É ele, capitão! Beporifola!

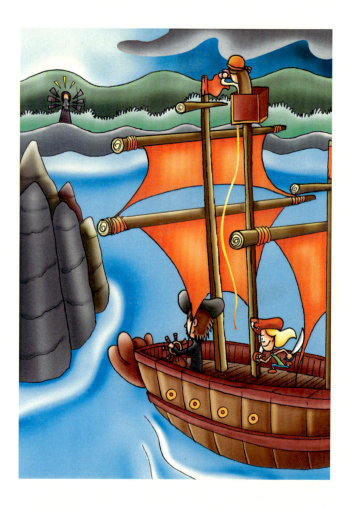

Apesar das pessoas não conhecerem pessoalmente o bruxo, após escutar suas histórias, alguns padrões tornam-se fáceis de identificar. E mais: quem poderia estar morando isoladamente em uma ilha, com uma enorme barba chegando até sua cintura, cabelos longos e com um sobretudo preto típico de bruxos?

Zaolho olha em sua volta e se vê sem opções, a não ser seguir em frente. À sua esquerda encontra-se um enorme muro de pedra e, com certeza, o barco encalharia ao se aproximar dali. À sua direita, uma enorme tempestade caía, raios tocavam o mar um atrás do outro. Com certeza seriam alvos fáceis. De repente, o barco começa a andar novamente e a única opção era ir ao encontro do bruxo.

Mandinha vai até a proa do navio, enquanto Gabi já havia descido e observava do convés. Mais próximo à margem da ilha, pode-se perceber um movimento estranho que o bruxo fazia com os braços. Todos ficam com medo e acreditam que ele estava fazendo uma bruxaria.

× capítulo 3 ×

O ENCONTRO

As camaradas de Zaolho ficam sem saber o que fazer. Correm de um lado para outro com medo de uma possível magia do bruxo. Porém o capitão, uma pessoa séria e focada, presta bem atenção aos movimentos de Beporifola. Apesar de a distância ser menor agora, ainda não é possível ver muito bem o que está acontecendo. Entretanto o capitão, olhando fixamente, percebe que o bruxo está falando algo e devido à distância não é possível ouvir.

— Cui... v... alar... peda!

Todos param por um segundo e tentam descobrir o que ele está tentando dizer.

— Cuidad... va... atolr... na pedra!

O capitão acha muito estranha aquela situação. Sua bússola não funciona, ele olha em volta e vê que poucos pássaros voavam no lugar e a tempestade ainda caía, porém um detalhe lhe chama a atenção: o sentido da correnteza do mar. No lugar em que eles estavam, as águas pareciam ser puxadas para o lado direito, como se estivessem passando por um corredor ou túnel submerso. Zaolho, olhando para aquela imagem, de repente ouve:

— Cuidado! Vão atolar na pedra!

— Capitão! Virar a estibordo! – grita Gabi.

Rapidamente, o capitão vira, todos caem no chão, coisas saem voando, barris de água mineral (a preferida do capitão) saem rolando e vão direto para o mar... As duas marujas perdem o equilíbrio e vão ao chão.

— Marujas! Mudar a posição das velas! – diz o capitão. – Preparem-se para um possível impacto!

A embarcação, apesar de um pouco velha, reage bem à mudança brusca de direção. Parece que vão escapar até que, de repente, batem em algo... Aos poucos, o navio vai parando e eles escutam um barulho da madeira sendo quebrada. O bruxo, vendo a cena, apenas se senta no chão e espera tudo acabar, parecendo já ter visto aquela situação outras vezes.

O navio finalmente para e parece que tudo está bem, pois eles ainda estão flutuando.

— Mandinha, vá até o porão e veja se temos algum prejuízo – disse o capitão.

— Gabi, desça as velas, amarre-as e baixe o bote salva-vidas. Vamos nos encontrar com uma pessoa!

O capitão pega sua espada, coloca-a em sua cintura e começa a descer as escadas até o convés. Mandinha, então, chega ao convés ofegante, pois tinha ido correndo até o porão da embarcação.

— Capitão, temos um pequeno problema! Há um pequeno buraco no casco e está entrando um pouco de água. Algumas comidas caíram ao chão e alguns barris de água mineral caíram ao mar.

— Vamos até o bote e desembarcaremos na ilha. Vamos precisar de madeira para remendar o navio.

Em poucos minutos e já quase anoitecendo, eles chegam até a ilha. Mandinha e Gabi, receosas, apesar de serem bravas marujas, ficam mais para trás do capitão.

— Olá, morador da ilha! Sou o capitão Zaolho. Meu barco ficou atolado ali atrás, como você pode ver. Essas são minhas marujas, Mandinha e Gabi.

— Sim, eu estou vendo, assim como já vi dezenas de outros navios iguais a vocês não prestarem atenção quando tentei avisar.

— Me desculpe, é que pensamos que você...

— Estivesse fazendo uma magia – disse Beporifola.

— Não é isso... É que poderia ser algum outro pirata tramando uma armadilha para saquear nosso barco.

— Sei... E aí, quais foram os seus danos?

— Precisamos de algumas madeiras para arrumar uma pequena rachadura no casco.

— Tudo bem. O capitão pode me seguir. Irei mostrar onde encontrar a sua madeira. Já as duas assustadinhas aí, podem começar uma fogueira. Logo irá escurecer e esfriar. Aqui no Triângulo das Bermudas faz muito frio à noite e hoje o dia está mais estranho que o normal.

De imediato, elas começam a juntar gravetos e a empilhá-los, enquanto Zaolho vai buscar madeira com o bruxo. Aquele lugar realmente era sinistro ao entardecer. Ouviam-se muitos barulhos estranhos, alguns pareciam com motores ligados, pessoas conversando em idiomas diferentes... Realmente, era de arrepiar o pelo do pescoço.

— Então você mora aqui na ilha, senhor...

— Beporifola. Sim, moro aqui há alguns anos, desde que fui expulso da minha terra, acusado por bruxaria.

O capitão, não surpreendido, pois já sabia quem ele era, apenas continua seguindo em frente, espantando os insetos que atravessavam o seu rosto, quase entrando em sua boca. Pensava consigo mesmo: "Como é possível alguém sobreviver em uma ilha como esta, sozinho, sem família, sem amigos, sem comida e em um lugar conhecido por embarcações sumirem e nunca mais voltarem?".

O vazamento de água no barco era pouco e não havia risco de o navio afundar, por isso só iriam arrumá-lo na manhã seguinte.

— Vocês estão indo para onde? – pergunta Beporifola.

— Estávamos vindo para cá, o Triângulo das Bermudas.

— E estão em busca do quê? Não sabem que aqui não tem muito o que fazer? Não conhecem as histórias de embarcações que somem? O único morador desta região sou eu.

— Estamos apenas navegando para onde o vento nos levar...

O capitão não quis contar ao certo o que estava procurando. Nem suas companheiras sabiam o que ele está tentando encontrar. Contudo, por algum motivo, o destino queria que eles fossem para esse caminho.

— Sim, sabemos das histórias e acreditamos que seja apenas mais uma das tantas histórias que as pessoas contam.

— Acredite, meu caro capitão, não são apenas histórias. Coisas estranhas acontecem por aqui mesmo.

A trilha não era de difícil acesso, pois o caminho já estava feito. Parecia que o bruxo andava por ali com frequência. Não se viam muitos animais por ali, apenas alguns insetos.

O capitão, com uma expressão mais assustada agora e preocupado com o anoitecer, percebe que as vozes continuam. Inquieto, pois não chegavam nunca até as madeiras, pergunta ao bruxo:

— Você sabe o que acontece com os barcos que somem nesta região?

— Na verdade não, mas sei para onde vão depois. Muitos que passam por aqui acabam ignorando as minhas sinalizações de perigo, assim como vocês fizeram. Outros, com medo de vir por este caminho, preferem ir até a tempestade, e lá simplesmente somem diante dos seus olhos.

— E como você sobrevive aqui, sozinho?

— Não tenho muitas opções, meu caro.

— Mas...

— Chegamos. Agora basta escolher o que você precisa.

AS AVENTURAS DO CAPITÃO ZAOLHO

O capitão olha aquele cenário e não acredita no que vê. Acredito que o que estava passando na cabeça dele naquele momento era algo como: "Carambolas! Nossa senhora das águas minerais! Que lugar é este?!".

Zaolho estava diante do maior cemitério de barcos que já tinha visto em sua vida. Ali tinha tanto barco que não era possível contar em um único dia. O capitão ficou boquiaberto, sem dizer uma única palavra. Passava os olhos barco por barco. Muitos ali ele nem fazia ideia de que país eram. Símbolos e armamentos desconhecidos naquela época. Nunca vira algo igual.

— Que lugar é este?

— Não sei te dizer ao certo. Não sei o que acontece com os barcos na tempestade, mas é para cá que vêm todos os barcos desaparecidos e naufragados.

— Mas como?

— Olha, aí você já quer saber demais – dá um pequeno sorriso o bruxo. – Vamos logo pegar a madeira que você precisa. Não vai querer cruzar essa mata no escuro.

Eles entram nos barcos à procura do que necessitam e em cada um deles coisas surpreendentes são vistas: coisas que nem existiam naquela época, fotos de pessoas com roupas que não correspondiam à moda conhecida por eles... Porém havia apenas os barcos. Não existiam corpos e nem vestígios de que ali sobrevivera alguém.

O capitão pega em suas mãos uma foto. Ao olhar, ele congela por alguns instantes. Aquele retrato o fez se lembrar de algo. Sem esboçar qualquer movimento, ele cochicha algumas palavras para ele mesmo.

Do que será que Zaolho tinha se lembrado? Por que aquela foto o fizera ficar ali, estático no lugar, com os olhos marejados? E o que ele tinha dito? Bom, isso eu acredito que não saberemos tão cedo.

— Capitão! – chamou Beporifola.

Zaolho acorda de seu transe, levanta a cabeça, pega aquela foto e a guarda em seu casaco e sai ao encontro do bruxo. Só que, ao fazer isso, algo acontece: o chão treme como se um terremoto estivesse ocorrendo naquele momento. Mais do que um terremoto, algum tipo de energia estava passando ali, um forte vento parecia atravessar por ele. Um campo magnético talvez seja o termo que melhor define aquele momento. Ele percebe que aquelas coisas não estavam mais ao seu redor. Ele olha para suas roupas e percebe que estavam diferentes: roupas coloridas, muitas pessoas sorrindo à sua volta e olhando para ele.

De repente, o cenário muda: ele se encontra no meio de um campo de futebol, parado. Há várias pessoas correndo, ao redor centenas de pessoas gritavam. Ele gira em torno dele mesmo e muda novamente: ele se vê sentado em um sofá, em uma sala de estar, com um livro em suas mãos. Ao lado, um copo de água mineral, um aparelho estranho na sua frente, mostrando a imagem de pessoas presas dentro dele... Ele nunca havia visto algo igual àquilo. Será que o capitão estava ficando louco?

E assim continuou. Ele ia se encontrando em lugares diferentes rapidamente. Mas uma cena misteriosa para repentinamente: ele encontrava-se em um ambiente enorme, parecia uma sala gigante. Estava tudo ofuscado, turvo, como se fosse um desenho pintado por uma criança. Havia muitos desses borrões e eles se moviam de um lado para outro. Um deles parecia se destacar mais. Havia quatro desses borrões parados e ele, a cada passo que dava, conforme se aproximava, os borrões iam ficando mais nítidos, pareciam ganhar forma. Mas ainda se encontrava muito longe. E ele estava curioso para ver o que era...

Naquele momento, o medo e a curiosidade o fizeram sentir algo diferente, jamais experimentado antes. Ele estava ansioso. Ainda não podia ver o que era. As coisas começaram a se ofuscar novamente, como se aquela força eletromagnética fosse mudar o cenário outra vez. Ele não queria perder aquele momento, não antes de saber o que era aquilo.

Então ele começa a correr. Mas as coisas começam a sumir ao seu redor. Zaolho se esforça, as imagens agora parecem se mover. Uma delas é a principal, pois todos estão indo até aquela imagem e depois saem. Mais perto, ele percebe que parece que estão se abraçando. Aquela energia estava ficando mais forte e puxando tudo ao seu redor...

Correndo mais rápido e com problemas até para respirar, ele já está mais próximo. Porém três pessoas – agora ele sabia que aqueles borrões se tratavam de pessoas –, já estavam distantes, seguindo por um longo corredor todo iluminado. O pirata tenta pedir para eles o esperarem, mas não é correspondido. Ele chega até a pessoa que ficou para trás. De repente, essa pessoa olha para ele. O capitão dá um passo para trás, tropeça e cai ao chão. O que ele vê é inacreditável e assustador ao mesmo tempo: era ele, parado, ali, na sua frente, totalmente diferente do que ele era.

Ele olha para frente e percebe que uma das pessoas havia parado e começado a correr em sua direção. Ele fica ali, parado, e quando essa pessoa se aproxima, ele estica seus braços para agarra-la.

— Acho que esta aqui vai dar certo no seu navio. Tem o mesmo contorno e ângulo.

— Cadê eles?

— Eles quem, capitão? As suas marujas devem estar fazendo a fogueira agora. Pelo menos eu espero, porque está esfriando muito rápido.

— Não, as pessoas que...

— Você está bem, capitão? Não tem mais ninguém aqui. Provavelmente, o mar engoliu todos eles.

— Não, é é é... que que que... – gagueja o capitão e, então, olha para as madeiras nas mãos do bruxo.

— Sim, esse é perfeito. Devemos voltar rápido. Este lugar me dá arrepios.

Eles começam a retornar até o acampamento com as madeiras em mãos. Zaolho ainda demonstra um olhar de espanto. Na verdade, mais de tristeza. Algo o havia abalado naquele lugar. Na realidade, algo tinha mudado naquele lugar, nada fazia sentido mais.

O bruxo não tem coragem de perguntar o que tinha acontecido com o capitão, mas tinha percebido que algo o havia perturbado.

Ao caminharem ao encontro do resto da tripulação, viram que a trilha, que antes estava fácil para caminhar, estava fechada, pois o mato havia crescido.

— Nossa! Que estranho! Isso não estava assim quando passamos aqui – disse Beporifola.

Realmente, nada parecia como antes, mas o bruxo ainda conhecia bem o caminho e sair dali não parecia ser um problema. Flashes de luzes brilham entre as árvores, algo se mexe no meio do mato. Eles se assustam e ficam parados, nenhum barulho é proferido, a não ser das folhagens balançando. Eles ficam atônitos, aguardando, quando se deparam com um javali saindo de trás de uma moita.

— Nossa! De onde veio esse animal? – disse o bruxo.

— Desde que chegamos aqui eu não vi nenhum animal que não fosse ave.

Todos sabem que javali é um bicho perigoso. Eles ficam parados, esperando o animal passar, e o javali nem olha para eles. Um feixe de luz brilha próximo aos dois e assusta o animal. Após dar um rugido enorme, ele começa a correr na direção dos dois. O capitão coloca a mão na cintura e percebe que está sem a sua espada. Eles começam a correr, pois sabem que se aquele bicho os morder, a dor será muito forte. Estava difícil de correr pela mata, s poio mato estava muito alto e havia muitos buracos ali.

— Por aqui, capitão. Ali na frente tem umas pedras que podemos subir e escapar desse animal.

Os dois continuam. Ao olhar para o lado, percebem que havia mais um indo na direção deles. Como se um já não fosse perigoso suficiente, agora eram dois. Como dizem: "Nada está tão ruim que não possa piorar". E, então, aparecem mais dois deles – já eram quatro, todos rosnando e correndo na direção deles.

— Oh, não!

Eles não acreditavam no que estavam vendo: havia uma enorme parede de pedra bloqueando o caminho deles.

— Se a sua ideia era escalar isso antes de sermos pegos por esses bichos, acho que você não calculou certo o tempo que temos!

— Não, essa parede não estava aqui antes. Aqui havia duas grandes pedras, que eu subia para enxergar os barcos que chegavam até a ilha.

Sem muitas opções, cada um pega um pedaço de madeira e fica aguardando serem atacados pelos javalis. Eles estavam cercados, não tinham mais para onde correr. Os bichos estavam ali, na frente deles, prestes a atacar, até que aquela mesma força que o capitão sentiu anteriormente, agora o bruxo pôde sentir também o campo magnético, atravessou-os e os animais sumiram, não sobrou nenhum. A trilha deles reaparece e a parede de pedra, como que por encanto, some.

Os dois, sem entender nada, trocam olhares com um ponto de interrogação, juntam as madeiras e retornam para o acampamento.

× capítulo 4 ×

MENTIRAS E VERDADES

Ao chegarem ao acampamento, Mandinha já havia acendido o fogo. Tinha alguns peixes e aves assando e Gabi, com seu instrumento musical, muito similar a um violão, tocava uma canção. Ao verem seu capitão de volta, elas ficam muito contentes e correm para ajudar com as madeiras.

Todos se sentam em volta da fogueira, pois fazia muito frio àquela hora. Foi servida a comida e as ajudantes do capitão comiam como se não comessem há dias. Beporifola observa o capitão – ele nem tocara em sua comida, parecia nem estar ali naquele momento. Algo realmente havia mexido com ele naquele barco.

— Você tem boas companheiras navegando com você.

— Sim, são ótimas companheiras! Às vezes precisam de um puxão de orelha, mas no geral sabem bem o que devem fazer.

— E o senhor tem só elas na vida, capitão? Ou existe alguém lá fora te esperando?

— No momento só elas... Já tive alguém, mas já se foi. É o que as pessoas fazem, né? Vêm e vão. E você? Vive aqui sozinho?

— Sim. Após ser expulso do seu país acusado de bruxaria, não há muitos lugares que te aceitem sabendo que você é um bruxo. Coisa mais absurda! Todos sabem que bruxaria não existe (por enquanto).

E Beporifola passa horas contando sua comovente história. Não imaginava como as pessoas podiam ser injustas com um pobre trabalhador rural...

— Naquele dia eu estava trabalhando duro. Tinha prometido à minha família que iríamos passear na feira juntos. Lembro-me de ter cuidado da horta e de ter ido alimentar as criações. Eu já estava exausto, pois havia acordado mais cedo que o comum naquele dia para poder dar conta de tudo e cumprir com minha promessa.

Terminei as atividades. Lembro-me de estar empolgado, pois estaria com minha adorada esposa e minha filha passeando na cidade. Nada poderia estragar aquele momento! Até que entrei em casa... E me deparei com aqueles saqueadores!

Minha esposa e filha por sorte estavam trancadas no quarto. Tentei esboçar alguma reação, mas eles eram fortes demais. Naquele momento, me senti inútil. Eles estavam levando todas as nossas comidas, roupas e pertences, estavam comendo nossas comidas e jogando no chão... Só me lembro de naquele momento de raiva ter desejado que eles pagassem por tudo e, quando falei isso, um deles veio a morrer.

Não sei como isso aconteceu, não acredito em bruxaria. Sei que isso não existe, fiquei assustado, mas ao mesmo tempo tive a sensação de alívio por minha família estar bem. Quando vi a cidade inteira já estava ali na minha casa, me chamando de bruxo. Nada pude fazer! Levei sorte por me darem a opção de ficar vivo e sair do país. Foi doloroso ter que abandonar minha família, mas fico feliz por estar vivo e espero um dia poder vê-los outra vez.

Ouvindo aquela história, o capitão fica comovido e se prontifica a ajudá-lo a retornar para casa.

— Por que você não volta conosco, para sua família?

— Não sei se seria uma boa ideia. Tenho medo de como as pessoas iriam me receber e o que poderiam fazer com a minha família.

— E se vocês fossem morar em outro lugar? Vendam ali e comprem um terreno em um lugar que ninguém os conheça. Comecem uma vida nova!

Beporifola pensa por um instante na ideia, mas procura não se empolgar muito. Ele sabe das consequências que isso poderia acarretar e não queria ver sua família sofrendo novamente.

Por fim, todos já estavam alimentados. Gabi toca uma bela melodia em seu instrumento, deixando todos pensativos naquele momento. Mandinha tira do bolso algo parecido com um relógio, no qual há uma foto de seu cãozinho. O capitão coloca sua mão sob a roupa, na foto que havia guardado, porém não a tira do bolso. E Beporifola apenas olha para Gabi com um sorriso no rosto. Estava gostando da música que ela estava tocando. Realmente, aquele som era muito agradável.

    Fazia muito frio naquela noite e muito barulho também. E uma coisa havia deixado Zaolho preocupado: a tempestade que parecia estar do outro lado do oceano estava se aproximando deles. Mas ele decide não preocupar o seu pessoal e deixa todos continuarem a festa. E, então, ele cai no sono.

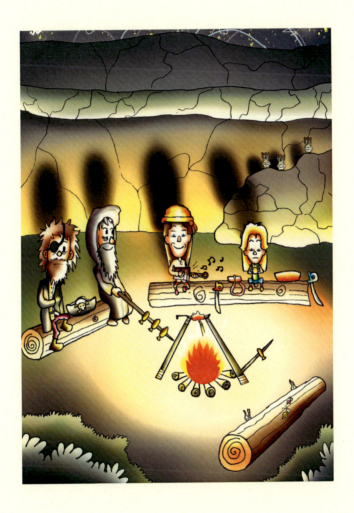

× capítulo 5 ×

TEMPESTADE MISTERIOSA

— Acordem todos! Rápido! - diz o capitão. - Temos que consertar o navio e sair desse lugar o quanto antes!

Gabi e Mandinha se levantam em um pulo só, sem saber o que está acontecendo. Beporifola também se levanta. De repente, todos olham para frente e se surpreendem com a tempestade que vem na direção deles. Os raios aumentam a quantidade e o céu está negro como os que aparecem em filmes de terror. Os pássaros voam para fugir dali. O bruxo se surpreende, pois em todos os anos em que ali morou, nunca havia visto algo parecido.

— Meu Deus, o que é isso?! Nunca vi acontecer uma coisa dessas por aqui!

— Mandinha, traga as madeiras - diz o capitão. - Coloque-as no bote! Gabi, levantar acampamento! Hoje não iremos dormir aqui!

— Sim, capitão! - dizem suas duas marujas.

— Se você quiser, o convite ainda está de pé. A não ser que queira saber como é morar dentro de uma tempestade.

Beporifola hesita por um momento. Estava vivendo ali havia anos, porém aquilo era novo para ele. Não tinha certeza se sobreviveria àquilo. Então, com um leve acenar de cabeça, concorda.

— Preciso pegar umas coisas. Encontro vocês no bote – diz o bruxo.

E sai correndo em direção a uma caverna.

— Capitão, será que seremos pegos pela tempestade? – pergunta Mandinha.

— Se ela mantiver essa velocidade, acredito que não. Calculei a distância que ela percorreu de ontem para hoje e temos tempo para fugir deste lugar.

— Capitão, já está tudo no bote – informa Gabi.

Beporifola aparece correndo, em direção a eles, com algumas coisas nas mãos.

— Pronto! Podemos ir!

Todos entram no bote e partem em direção ao navio. O bruxo olha para trás, como se lamentasse deixar o local onde havia morado por vários anos. Já as marujas estavam um pouco tensas, porém com ar de empolgação. Não demonstram medo e parecem estar gostando daquela adrenalina toda. E o capitão está apenas preocupado, pois não queria que nada acontecesse com os seus amigos.

Ao chegarem ao navio, começam os reparos no casco. Todos trabalham arduamente. O capitão olha no mapa, tentando descobrir o melhor trajeto para fugir dali. As bússolas ainda não funcionam.

— Só tem um jeito de sairmos daqui – diz Beporifola. – Como não podemos atravessar essa tempestade, devemos seguir em frente e continuar ao norte. Mas só tem um problema...

Aquelas últimas palavras não tranquilizam o capitão, que temia perguntar qual era o problema.

— E qual é o problema?

— Aquela é a direção em que os barcos somem. É de onde, até hoje, eu nunca vi ninguém sair.

— Não temos muitas opções, temos? Pelo menos não há raios que podem nos atingir – comenta o capitão.

A tempestade parece se aproximar muito rápido e Zaolho está ansioso para sair logo dali. O mar começa a ficar mais agitado, algumas ondas se formam, exigindo que eles se apressem com o trabalho.

— Capitão, tudo pronto! Podemos sair! – diz Mandinha.

— Subir as velas no sentido contrário! Vamos ver se hoje é o nosso dia de sorte e o vento consegue nos tirar daqui!

No primeiro instante nada acontece. A tensão toma conta de todos. A tempestade já está a poucos metros deles e eles ainda estavam encalhados. Parecia ser o fim. Então o capitão tem uma ideia.

— Desçam as velas e subam novamente!

De repente, um pequeno movimento no barco – todos ficam eufóricos! Porém ainda estavam presos... O capitão, então, pede que eles repitam a manobra várias vezes, até que ficassem livres da rocha. Depois de algumas vezes eles, enfim, ficam livres.

Naquele momento tinham se livrado das rochas, mas ainda tinham que escapar de uma tempestade jamais vista por eles antes. Raios desciam das nuvens até o mar, ventos sopravam forte, porém não saíam da tempestade. De repente, olhando bem dentro daquela tempestade, a tripulação percebe algo estranho.

— Capitão, você está enxergando aquilo? – pergunta Gabi.

Zaolho olha penetrantemente na tempestade e se surpreende com o que vê.

— Sim, minha cara, estou vendo e, lamento informá-la, nunca vi algo igual àquilo.

Beporifola também se pronuncia dizendo que aquilo era novo para ele. Algo surpreendentemente incrível, apesar de ser assustador. Todos extasiados com o que estava diante de seus olhos, acabam se esquecendo de que precisavam sair daquele lugar logo, antes que fossem engolidos pela tempestade.

Objetos estavam plainando no ar... Com certeza não era nenhum pássaro, pois não existiam pássaros daquele tamanho, com símbolos estranhos desenhados. Estavam voando em círculos, como se estivessem em um redemoinho. Eram vários deles, parecia ter uns dez desses "pássaros gigantes". Realmente surpreendente, no mar havia alguns barcos também, diferentes de qualquer barco daquela época – eram tão grandes que cabia o navio deles dentro! Alguns possuíam canhões monstruosos, que com certeza podiam afundar o Alice com um único tiro. Também havia uma coisa estranha, que ora mergulhava e ora boiava como uma baleia, mas, definitivamente, não se tratava de uma. Aquilo realmente impressionou a todos. Nada fazia parte do mundo em que eles viviam.

— Capitão! – chama Gabi.

Nenhuma reação naquele momento.

— Capitão! – torna a chamar, porém dessa vez colocando sua mão no ombro dele.

O capitão a fita por um instante, olha para frente e percebe que já deviam estar saindo daquele lugar.

— Subir as velas! Vamos sair logo daqui!

Todos tomam seus postos e o barco começa a se movimentar depois de algumas manobras para desviar das pedras. Não havia mais tempo, não podiam ficar presos outra vez. Mas quando perceberam, já estavam mar adentro. A tempestade se aproxima mais rápido do que o barco conseguia se mover. E ouviam-se muitos sons estranhos dentro dela.

— Mandinha, traga-me uma garrafa de água mineral! Preciso me concentrar.

— Sim, capitão!

Naquele momento a bússola ainda não estava funcionando para saberem qual direção seguir. O céu estava limpo, sem nenhuma estrela para poder ajudar na orientação. Mas como um bom pirata, o capitão passa a ver a reação dos poucos pássaros que ali passavam, a ver a direção que as pequenas ondas seguiam. Zaolho precisa tomar uma decisão certeira, pois poderiam não ter uma segunda chance.

— Segurem-se! Vamos virar tudo a bombordo.

E como já havia acontecido, barris de água mineral do capitão caíram ao mar. Mandinha abraçou o mastro do barco para não ser jogada para fora como os barris e Gabi parecia estar se divertindo – esbanjava um sorriso no rosto, demonstrando que aquela situação era comum para eles. Beporifola apenas agarra uma corda e aguarda que aquela conversão brusca termine.

Ao terminar a manobra, todos se surpreendem com o que veem. A tempestade mudara de posição e agora eles estavam indo direto para dentro dela.

× capítulo 6 ×

SERÁ O FIM?

Ninguém estava acreditando em tudo o que estava acontecendo. Como uma tempestade pode mudar tão rapidamente? Bem, ali era o Triângulo das Bermudas, então aquela esquisitice era totalmente compreensível.

— Companheiros, se preparem! Não vamos nos entregar tão fácil assim para essa tempestade! – exclama o capitão, para tentar acalmar a todos.

O capitão começa a virar o barco a estibordo, para não entrarem de frente com a tempestade, pois já era impossível não a enfrentar.

— Capitão, acho que consigo ver uma saída no fim da tempestade! Não está muito longe. Só precisamos passar no meio dela – diz Gabi.

— Tudo bem, não temos muita escolha mesmo. Faremos isso. Mas fiquem atentos a qualquer coisa estranha que possa cruzar o nosso caminho.

Os "pássaros gigantes" estão sobre suas cabeças. Era lindo aquilo: todos voam em círculos, sem direção. O céu muda de cor, como em uma bela aurora boreal. Buracos se formam e rapidamente engolem os aviões, enquanto novos apareciam. Estranhamente, um deles, de formato arredondado, aparece. Todos se olham, sem saber o que é aquilo. Coçam os olhos para ter certeza de que estavam enxergando direito e, em um piscar de olhos, todos eles somem.

Os navios não tinham tripulação e estavam sendo guiados pela tempestade. Cuidadosamente, o capitão vai desviando. Venta muito forte e as ondas aumentam de tamanho, mas tudo corria bem até o momento.

— Capitão, será que esses barcos ficaram presos na tempestade e não conseguiram sair mais? – pergunta Mandinha.

— É bem provável, minha cara. Mas por hora não quero pensar que podemos ficar presos aqui para sempre.

Um dos navios vem na direção deles... Zaolho tem que agir rapidamente para evitar o impacto. Outros navios parecem tomar o mesmo rumo, todos ao encontro de Alice. A colisão é quase certeza e o capitão faz manobras jamais imagináveis para aquele navio.

Um deles está muito próximo e chega a bater. O impacto é grande. Muita água espirra para cima, porém a batida só ocorre na parte de cima da embarcação e não apresenta nenhum problema para eles.

Assim que o capitão consegue desviar dos navios, misteriosamente eles são engolidos pelo mar, como se estivessem sendo guardados após o uso.

— Ufa! Essa foi por pouco capitão! – desabafa Mandinha.

Entretanto, o capitão sabe que aquilo não é tudo. Ainda havia mais coisas pela frente e eles tinham que estar preparados. Seus olhos não enxergavam mais nada à sua frente, mas ele sabia que algo estava acontecendo...

De repente, aquelas coisas que pareciam baleias gigantes de ferro começam a aparecer e, pior ainda, um enorme redemoinho começa a se formar no mar, como se fosse um buraco negro.

O redemoinho começa a puxar a embarcação de Zaolho. Simultaneamente, muitos submarinos (claro que eles não sabiam o nome desse objeto e o chamavam de baleia de ferro) surgem, dos quais eles têm que desviar. Cada vez mais se encaminham para dentro do redemoinho. Então o capitão percebe que os submarinos vêm, seguindo um padrão: a cada volta, eles deixam um espaço livre, por onde eles podiam passar sem colidir.

Então o capitão ordena:

— Mandinha! Gabi! Modificar a posição das velas! Acho que encontrei uma maneira de sairmos deste lugar. Porém temos que ter muita calma para não batermos nas "baleias de ferro".

— Ok, capitão! – afirmam as duas.

O vento agora está muito forte, permitindo que o capitão coloque em prática seu plano. Assim, quando passa a primeira volta, com a ajuda do vento, Zaolho consegue virar a bombordo e eles sobem um pouco. Todos comemoram, mas o capitão ainda não demonstra euforia. Ele mantém os pés no chão e continua com seu plano.

Após outra volta, ele repete o movimento e eles se veem cada vez mais perto da saída. Contudo estava fácil demais e, próximo ao fim, depararam-se com um problema: naquele lugar em que estavam não conseguiriam repetir aquele movimento, pois estavam cercados de submarinos. Porém, do outro lado, avistou uma oportunidade, só que eles teriam que voltar a estibordo para contornarem para outro lado.

Assim o fizeram, sem complicação alguma, e com mais três manobras eles se veem fora daquele lugar. Da mesma forma que havia acontecido com os navios, o redemoinho e os submarinos desaparecem "do nada".

Todos comemoram e sorriem aliviados. Ninguém entendera o que tinha acontecido, apenas sabiam que tinham vencido.

A calmaria no mar toma conta, a tempestade começa a baixar sua intensidade, os ventos já sopram mais calmamente. Já pode ser vista a saída, o céu limpando e o colorido de luzes parecem diminuir. Ainda um pouco aflitos, continuam seguindo em frente.

— Capitão, estamos perto mais 300 metros – informa Gabi.

Estranhamente, parecia haver uma parede dividindo onde estavam e o lugar fora dali. Era uma parede de energia, não como de uma casa de tijolo. Mais uma vez, uma coisa estranha começa a acontecer...

Ao olharem para o lado direito, um enorme feixe de luz se abre como uma janela e passa a projetar muitas imagens... Todos, boquiabertos, observam aquela cena, totalmente diferente de tudo que já tinham visto: pessoas com vestes diferentes, sorrindo, cenas de guerras, animais no campo. Aquelas imagens que tinham paralisado Zaolho, novamente estavam ali – aqueles borrões.

Sem perceber, a menos de 100 metros da saída, o capitão larga o timão e o navio começa, aos poucos, a virar a estibordo. Todos atentos àquelas imagens, nem percebem que estavam se afastando da saída. Agora estavam indo em direção à janela que se abrira e da mesma maneira que havia acontecido da outra vez, a cada metro alcançado, as imagens ficavam mais nítidas.

Sons vinham de dentro, mas eram impossíveis de serem compreendidos. Aquelas luzes eram maravilhosas, hipnotizantes. Todos ficaram quietos para tentar entender o que estavam dizendo e, aos poucos, já estavam mais compreensíveis.

O capitão coloca a mão no seu peito e percebe que ainda estava com aquela foto que havia pegado no cemitério de navios. Ele a pega e dá uma boa olhada, estende a sua mão com a foto e passa a comparar as duas imagens. Estranhamente, aquela foto representa exatamente aquela cena.

Com olhar de espanto, ele aguarda até que possa ver quem são as pessoas do borrão. Os sons pareciam choros e todos cruzaram olhares sem compreender o que podia ser aquilo. Então o capitão ouve, como se houvesse alguém ao seu lado sussurrando:

— Acorde! Você não vai querer ir até o fim. Não haverá volta.

Ele olha ao seu lado e percebe que aquela mesma pessoa que se parecia com ele, estava ali, ao seu lado. Com um olhar sereno, olhava para frente, quase que esboçando um sorriso. Parecia já ter passado por aquilo anteriormente.

— Mas quem é você? – pergunta Zaolho.

— Não sou ninguém. Talvez só um fruto de sua imaginação ou, quem sabe, um amigo tentando evitar algo.

— O que é tudo isso? O que acontece se chegarmos ao outro lado?

— Bem, meu caro capitão, tudo depende do que vocês guardam em suas memórias. Tudo isso é fruto de algo escondido dentro de vocês. Essa é a maneira que este lugar usa para atrair as embarcações e as engolir.

— Quer dizer que nada disso é real?

— Talvez sim, talvez não. Como eu disse, algumas dessas imagens fazem parte das pessoas que passam por aqui.

— Mas eu não faço ideia do que são essas manchas e essas pessoas.

— Olha, só posso lhe dizer uma coisa: você tem apenas alguns segundos para decidir se vai querer seguir em frente e descobrir quem são ou se desviar sua rota e salvar sua tripulação.

Então Zaolho olha mais uma vez para aquele estranho ao seu lado. Na verdade, ele nem sabia se aquilo era real. Olha rapidamente para sua tripulação. Todos estavam admirando aquelas cenas que passavam na frente dos seus olhos. Então o capitão olha para a sua esquerda e vê a saída perto deles. Apesar de estar curioso, ele se lembra de algo – lembra-se da sua missão, que naquele momento não era apenas chegar ao seu destino e, sim, levar o bruxo à sua família.

A embarcação subitamente muda de direção. Todos se espantam e logo percebem o que está havendo – eles estavam saindo daquele lugar.

Mandinha e Gabi correm para mudar a posição das velas. O navio passa a ganhar velocidade e logo estariam fora dali. O cara misterioso ainda estava ao lado do capitão, com ar de contentamento, como de alguém que ganhara algo. Mas ninguém além do capitão o viu. A essa altura, Zaolho queria apenas estar bem longe daquele lugar.

A cada segundo eles se afastam mais de tudo aquilo. A proa do navio atravessa o portal, que parecia uma parede que dividia os dois lados do oceano, e a pessoa misteriosa começa a sumir como água, evaporando.

Aos poucos eles vão saindo e, de repente, assim que o portal encosta no capitão, por um segundo tudo para. O vento não sopra mais, o mar não forma ondas, os tripulantes do barco ficam parados, o tempo parece ter parado.

Mais uma vez, o capitão não entende o que está havendo ali. Ele coloca sua mão no peito e resolve caminhar em direção ao portal. De alguma maneira, ele sabe que era aquilo que ele tinha que fazer. Ao atravessar, um enorme círculo colorido se forma no céu e começa a diminuir seu tamanho até que, ao ficar pequeno demais, explode, emitindo uma luz tão forte que não é possível olhar diretamente para ela.

O mar treme, porém tudo volta ao normal. O vento sopra, suas marujas caminham, o mar balança e a tempestade já havia sumido. Tudo em volta sumira, como se não tivesse existido. Algo surpreendente e inexplicável.

— Capitão, será que acabou? – pergunta Mandinha.

— Parece que sim, minha camarada.

— Ae!!! – comemora Mandinha. – Vencemos os mares do Triângulo das Bermudas! Nós seremos famosos, todos irão escrever sobre nós: os piratas do Alice sobrevivem aos ataques mortais do mar do Triângulo.

— Só espero que alguém acredite em nós – diz Gabi.

O capitão desce até o convés e dá um abraço em suas ajudantes. Todos estão felizes por estarem vivos, mas, mesmo assim, Zaolho desconfia de algo. Aquilo não deve ter simplesmente acabado, mas ele não quer se preocupar.

— Vamos embora, pessoal! Estamos perto da família do Beporifola. Vamos leva-lo antes do anoitecer e beber bastante água mineral, que o dia foi assustador.

Assim seguiram seu caminho felizes, pois teriam uma história e tanto para contar aos outros barcos.

× capítulo 7 ×

O REENCONTRO

Depois de mais algumas horas navegando, bem próximo de anoitecer, eles chegam até onde o bruxo morava. Ainda com um sorriso no rosto e sem saber onde se encontravam, Mandinha pergunta:

— Onde nós estamos capitão?

— Estamos em Castipe. É onde eu morava – responde o bruxo.

Com um brilho nos olhos marejados, nitidamente emocionado por estar de volta a casa depois de muitos anos e não vendo a hora de reencontrar sua família, Beporifola puxa o ar bem forte pelo nariz e sente o belo odor das flores que estavam nascendo naquela época.

— Tudo bem. Vamos atracar e levá-lo até a família dele.

O navio encosta sutilmente até no deque. Gabi dá um salto e corre para amarrar a corda para prender o barco. A rampa para o desembarque é baixada e todos começam a desembarcar. Eles dão aquela esticada nas pernas. Felizmente, estavam em terra firme outra vez. Mandinha e Gabi se impressionam com o lugar. Era muito lindo.

Apesar de estar ficando escuro, o pôr do sol proporcionava luz suficiente para iluminar e deixar mais bela a cidade.

O bruxo pega sua bagagem, o resto da tripulação se prepara para uma despedida. Beporifola os convida para irem até sua casa para conhecerem sua família e para comerem algo, pois a viagem tinha sido longa.

— Vamos lá, pessoal. Gostaria que vocês conhecessem minha família. E acredito que estejam com fome, assim como eu também estou.

Todos olham para o capitão.

— Claro. Por que não? Estamos mesmo precisando comer algo e descansar.

Ao caminharem pela vila, alguns moradores olham para eles, pois ninguém havia visto esses indivíduos antes, e até mesmo parecem não conhecer o bruxo, que não é bruxo.

É ali na frente – diz Beporifola. – Parece que ainda estão acordados. A lamparina está ligada.

Ao se aproximar da porta, ele bate levemente.

Toc toc.

— Não temos mais nada hoje. Já foi vendido tudo. Volte amanhã – uma voz doce e simpática ecoa de dentro da humilde casa.

Mais uma vez ele bate na porta sem dizer uma única palavra.

Ouvem-se passos indo em direção à porta e dava para ouvir uma voz de criança sussurrando lá dentro, tentando descobrir quem era naquela hora. As travas da porta são abertas e devagar ela começa a se abrir.

— Olha, eu não tenho mais nenhum produto hoje. Já foi vendido tudo. Voltem amanhã que teremos mais.

Então ela olha para a pessoa que estava batendo à sua porta e na hora ela a reconhece. A emoção toma conta naquele momento. Impossível segurar as lágrimas. Ela o abraça e pula em seus braços, sua filha vem correndo e, ao reconhece-lo, faz o mesmo.

— Papai! É você mesmo?

— Dave! Como? Onde você estava? Aconteceu algo? Como chegou até aqui?

Sim, o bruxo tinha um nome. Beporifola era o nome dado pelas pessoas que tinham medo dele, mas seu verdadeiro nome era Dave.

— Capitão, quem é Dave? – pergunta Gabi. – Acho que ela se enganou.

O capitão, com um sorriso de satisfação no rosto, responde:

— Não, minha cara, ela não se enganou. Acho que nós estávamos enganados quanto ao verdadeiro nome dele.

— Eu vim com alguns amigos – disse Beporifola, ou melhor, Dave. – Eles me libertaram da ilha do Triângulo das Bermudas, uma longa história para contar. Este aqui é o capitão Zaolho. Capitão, esta é minha esposa, Sophia.

— É um prazer conhecê-la senhora. Ouvimos muitas coisas boas ao seu respeito.

— O prazer é meu, capitão. Vocês são piratas de verdade?

— Sim, minha cara nós somos. Mas não se preocupe. Nós somos os mocinhos.

— E essas são as marujas do capitão, Mandinha e Gabi.

— Muito prazer, mocinhas.

— O dever é nosso, quero dizer, prazer – corrige Mandinha.

— O seu nome é Dave? – pergunta Gabi – Você nunca nos falou.

— Não me levem a mal, amigos, mas sempre mantive em segredo meu nome por segurança. E até mesmo ser conhecido como Beporifola era bom para mim, pois mantinha afastados alguns inimigos.

— E essa é minha filha, Aurora.

— É muito linda sua filha.

— Acho que puxou a mãe – diz Dave.

— Vamos entrando – diz Sophia. – Estou preparando uma bela sopa.

— Claro, obrigado – responde Zaolho.

Assim, todos novamente sorrindo, após secarem as lágrimas e matarem as saudades, encaminham-se para dentro da casa quentinha, prestes a saborearem uma ótima refeição.

— "Dave"... Você acredita nisso? O nome do cara é Dave. Nós o chamávamos de Beporifola e ele nunca nos falou. Nem quando quase morremos naquela tempestade – resmunga Gabi para Mandinha ao entrar na casa. – Não acredito que fomos enganados por um cara chamado Dave.

Passam-se horas de boas conversas. A mulher atualiza o marido de todos os anos que estivera ausente. Ela conta como fazia para cuidar da horta e dos animais e que nunca mais havia tido problemas com invasores, e tampouco com os vizinhos, pelo fato do que havia ocorrido com o seu marido. A criança, contente, brinca com as marujas. Estão todos felizes. O capitão observa aquela cena e esboça um sorriso no rosto. Parece não querer que aquele momento se acabasse. Ele não se lembrava de quando havia sido a última vez que havia se sentido daquele jeito, porém ele sabia que no dia seguinte teriam que partir, pois ainda não tinham concluído o seu objetivo.

Então ele observa a janela da casa e percebe uma luminosidade diferente lá fora. Ele se lembra de que já havia visto aquilo outro dia. Sente um pequeno tremor no chão, mas só ele percebe essas atividades estranhas. Um vento frio sopra para dentro de casa e, de repente, tudo volta ao normal.

— E o senhor, capitão? Estão navegando para onde? Como foram encontrar meu marido?

— Bom, minha cara, eu não tenho um destino definido – responde o capitão, ainda impressionado como que acontecera naquele momento. – Nós vamos para onde o vento estiver soprando e para onde essa velha bússola nos mandar, é claro.

Todos riem. É claro que o capitão sabia para onde iriam, mas aquilo ainda era segredo e ele não queria contar para ninguém. O que será que era esse segredo? Será que seria uma fonte de água mineral, ou o tesouro do capitão Zureta, o pirata mais temido e rico dos sete mares? Bom, isso só o tempo nos dirá. Ainda temos muita história para contar.

Nitidamente, a esposa está feliz em ter seu marido de volta em casa. Devem ter sido longos anos de sofrimento, mas agora tudo volta ao normal. A vizinhança já nem lembra mais dessa história e ele poderá viver tranquilamente em sua casa.

— Bom, pessoal, temos que ir agora. Precisamos preparar nosso barco, para amanhã cedo partirmos para nosso novo destino. Muito obrigado pela sopa, senhora. Estava deliciosa.

— Eu é que te agradeço, capitão, por ter trazido meu marido para casa. Essa foi a melhor coisa que poderia ter acontecido na nossa vida. Seremos eternamente gratos a vocês.

— Capitão, quero agradecê-lo por ter me incentivado a voltar para minha casa. Confesso que já não estava aguentando mais morar naquele lugar. Saiba que serei eternamente grato a todos vocês e saiba que se precisar de algo estarei aqui para ajudá-los. Basta bater na minha porta.

— Obrigado a todos. Foi um prazer ajudar. Nunca deixamos um amigo para trás. E um dia, com certeza, precisaremos de ajuda.

E aos poucos eles começam a se encaminhar para a porta. A filha de Dave corre na frente para abri-la. Mandinha e Gabi tentam sair ao mesmo tempo e ficam presas na porta. Elas retornam e saem uma por uma. Zaolho tira seu chapéu, olha pela última vez para a família, dá uma pequena curvada, diz *"Protinus te videre"* e fecha a porta.

Como foi dito anteriormente e agora se comprova, o capitão realmente sabe falar diversas línguas. Claro que ninguém sabe o que aquilo significa e todos imagina que seja algo como adeus, obrigado, tchau. Mas o que todos sabem é que aquele pirata não era como todos os outros. Ele era especial, companheiro, e tinha um mistério escondido dentro daquela cabeça. Mas quem seria capaz de desvendar aquele homem?

× capítulo 8 ×

HULE

Eles chegam até o navio e preparam suas coisas. Verificam o estoque de comida e água mineral. Estava tudo em ordem. Apesar de o barco ter passado por uma aventura e tanto, ainda estava intacto e não sofrera nenhum prejuízo.

— Meninas, vamos dormir e descansar. Os últimos dias foram bastante agitados.

— Com certeza – responde Gabi. – Ainda bem que o Alice aguentou toda essa aventura.

— Sim, minha camarada. Este barco é forte mesmo.

— Capitão, você acredita que o bruxo se chamava Dave e nunca nos falou! – comenta Mandinha, indignada.

Todos sorriram. Realmente, tinha sido uma surpresa a todos, mas ele havia feito certo em manter sua identidade em segredo. Isso o tinha mantido seguro durante todos esses anos. Então cada um foi para o seu canto do barco para dormir. O capitão deita-se ao lado do timão e passa a admirar as estrelas que, naquela noite, parecem estar mais brilhantes. Ele viaja em seu mundinho, dentro de sua cabeça, talvez imaginando a sua próxima viagem. Ele então toca com sua mão no peito, onde se encontrava aquela foto. Estranhamente, o céu começa a mudar de cor. Ele passa a observar melhor e esfrega seus olhos para ter certeza de que está acordado. As estrelas parecem se ordenar, formando um mapa. Na primeira vez que ele olha, ele não percebe isso, mas depois é possível verificar o que era. Ele não compreende o que pode ser aquilo, mas memoriza o mapa. Logo as estrelas voltam ao lugar e o céu passa a ficar como antes.

E ele cai no sono.

No dia seguinte, Zaolho acorda mais cedo que as meninas. Ele verifica o barco antes de acordar as marujas e percebe um barulho vindo do porão. Ele resolve descer até lá e verificar. Preocupado com o que podia ser, ele vai em silêncio, degrau por degrau. O barulho vai aumentando e parece já estar próximo. Algo está preso ali e estava tentando se soltar. Ele ouve uma voz, resmungando algo como:

— Zip zap. Que raios de armadilha é essa? Onde eu estou? O pessoal não vai gostar nada se eu me atrasar. Zip zap.

Zaolho descobre que a pessoa está atrás de um barril de água e aos poucos ele vai se aproximando. Ao chegar ao barril, ele se debruça por cima dele e vê o que está ali. Ele se assusta, pois nunca vira algo parecido com aquilo. Dá um pulo para trás e cai no chão. O indivíduo do outro lado também se assusta.

— Que raios é isso? - pergunta o capitão.

— Zip zap. Era o que me faltava! Eu encontrar gigantes.

"Gigante", pensou Zaolho. Como assim? Então ele se levanta e vai em direção ao ser que acabara de encontrar. Ele continuava resmungando e não dava para entender muito bem. Apenas um tal de zip zap.

— Quem é você? – pergunta o capitão.

Ele fica em silêncio.

— Zip zap – é o que sai do outro lado.

— Zip zap? Que tipo de nome é esse? – responde Zaolho.

— Hule. Zip zap. Me chamo Hule.

— Prazer, eu sou o capitão Zaolho. Eu comando este barco. Como foi que você entrou aqui?

— Não faço ideia. Estava na floresta colhendo frutas e, de repente, uma luz estranha apareceu e me engoliu, e vim parar aqui, nesta armadilha.

"Uma luz", pensa o capitão. Que estranho... Na verdade, muitas coisas estranhas estavam acontecendo depois que eles tinham entrado no Triângulo das Bermudas. Realmente, muitas luzes vinham acendendo ultimamente. E agora? O que o capitão deveria fazer com ele?

— Você não vai me comer, né gigante? – pergunta Hule.

— E por que você acha isso? E não sou gigante. Vou te ajudar. Você não vai me morder, né?

— Zip zap. Morder? Acha que sou cachorro?

O capitão então afasta o barril e vê que ele estava preso em uma corda e não podia desatar o nó. Era uma criaturinha pequena, um homenzinho pequeno, com uma cartola verde. Estava com um saco na cintura, cheio de frutas vermelhinhas. Sua roupa era verde. Parecia uma plantinha.

— Espere, vou cortar a corda.

— Zip zip. Cuidado com as minhas pernas. São as únicas que tenho.

Com cuidado, o capitão passa a faca na corda até livrar o pequenino.

— Uhuuuu! Livre da armadilha. Zap zip.

— De onde você vem, meu caro amigo? – pergunta o capitão

— Dali – responde o homenzinho.

— Dali onde? De dentro do barriu?

— Não gigante. Zip zap. Dali.

O capitão não entende o que ele fala, pois ele pronuncia tudo muito rápido.

— Ali, atrás da parede?

— Zip zap. Quem mora em uma parede? Dali é a vila onde eu moro.

Então Zaolho compreende. Só tinha um problema, nunca havia ouvido falar de um lugar chamado Dali.

— E onde fica essa sua vila?

— Você não conhece. Fica no meio do vale verde, perto da casa das fadas, depois do túnel da morte, passando a caverna dos ursos.

Zaolho, com cara de espanto, percebe que, realmente, algo estranho tinha acontecido, pois tudo aquilo não faz sentido para ele. Fadas, vale da morte, ursos... O que seria tudo aquilo?

— Olha, gigante, obrigado por não me comer, mas preciso levar estas frutas para casa. Até mais. Zip zap. Fui.

O pequenino começa a subir as escadas, que para ele parecia mais uma montanha, de tão grande que era.

— Espere! Como você vai voltar para casa?

— Zip zap. Só preciso subir essa montanha aqui e pegar à esquerda, na Vila dos Rubis, que chego lá.

— Mas você não está entendendo. Esses lugares que você disse não existem.

— Ah, gigante... Pare de contar mentira! Eu conheço essa mata como a "pata" da minha mão.

— Palma – diz o capitão.

— O quê? – pergunta o rapaz. – Tá resfriado?

— Você disse "pata" e o correto é palma.

— Não, eu falei certo, palma. Zip zap. Você quem falou pata. Não sou cachorro para ter pata. Eu, hein! Que gigante mais esquisito!

Ao terminar a subida, ele olha para fora e vê aquela imensidão de água para todos os lados e não acredita no que vê. De repente, Mandinha e Gabi aparecem e uma delas fala:

— Capitão, o senhor está a...

Antes de ela terminar a frase, eles se assustam e dão um pulo para trás. O pequenino sai rolando escada a baixo.

— Mais gigantes. Zip zap.

Rolando até chegar ao chão, ele se levanta, olha para Zaolho e com uma tristeza estampada em seu rosto, pergunta:

— Onde estou, gigante?

— Estamos em Castipe.

— Nunca ouvi falar desse lugar.

— Não se preocupe. Iremos ajudá-lo a chegar em casa. Vamos, quero lhe apresentar o resto da tripulação.

Para ser mais rápido, o capitão estende seus braços para que ele subisse e não precisasse andar novamente escada acima.

— Essas aqui são minhas ajudantes, Mandinha e Gabi.

— Capitão, o que é isso? – pergunta Mandinha.

— Isso! Eu sou zip zap Hule. E não é "isso". Sou um gnelfo.

— O que é um gnelfo, capitão? – pergunta Gabi.

O capitão não sabe explicar, pois nunca havia visto um e nunca havia ouvido falar naquilo.

— Não sei, minha camarada. Talvez tenhamos que perguntar a ele mais tarde.

Então sobem as escadas. O pequeno ser está preocupado por não saber onde está e não para de falar zip zap.

× capítulo 9 ×

A PARTIDA

— Soltar as amarras! Levantar âncora! Soltar as velas! Vamos partir! – fala o capitão.

— E para onde nós vamos, capitão? – pergunta Mandinha.

— Para onde os ventos nos levarem, minha cara! Vamos encontrar a casa do Hule e levá-lo para sua família.

— E o senhor sabe onde fica esse lugar?

— Não, mas talvez eu saiba por onde começar.

Zaolho havia se lembrado de que, na noite anterior, olhando para as estrelas, elas haviam se alinhado, formando um mapa, e talvez esse fosse o caminho para a casa do Hule. Parecia uma loucura, mas não custava nada tentar.

Todos estão ansiosos pela nova aventura e para descobrir o que seria um gnelfo e como ele tinha ido parar na embarcação.

— Capitão, você não tem notado umas coisas estranhas acontecendo depois que saímos do Triângulo das

Bermudas? – pergunta novamente Gabi. – Luzes coloridas, tremores, homenzinhos?

— Sim, percebi sim. Mas sabe de uma coisa? Isso não me assusta. Estou achando super empolgante tudo isso!

E assim se foram mar adentro... Mais uma vez navegando sem destino, indo ao encontro do desconhecido, procurando novas aventuras e, claro, ainda sem saber o que o velho capitão estava procurando, o que motivava aquele homem a encarar o mar todos os dias e a cuidar de seus amigos.

E, agora, com um novo tripulante a bordo, o capitão Zaolho segue viagem, tentando ajudar Hule a encontrar sua família, desbravando novos mares, buscando respostas e encontrando novos desafios...

Continua...